JN409977

착각의 시학 을지로 시동인집

빈 젖, 그 비탈진 그리움

가론 / 도남 / 김들샘 / 해솔 / 정든별 / 장해란

착각의 시학 을지로 시동인집

빈 젖, 그 비탈진 그리움

초판인쇄 2017년 10월 23일
초판발행 2017년 10월 26일

지은이_ 가론 도남 김들샘 해솔 정든별 장해란
발행인_ 이현자
발행처_ 도서출판 현자

등　록_ 제 2-1884호 (1994.12.26)
주　소_ (우)04550 서울시 중구 수표로 50-1(을지로3가, 4층)
전　화_ (02) 2278-4239
팩　스_ (02) 2278-4286
E-mail_001hyunja@hanmail.net

값 10,000원

ISBN 978-89-94820-30-9　03810

이 도서의 국립중앙도서관 출판예정도서목록(CIP)은 서지정보유통지원시스템 홈페이지(http://seoji.nl.go.kr)와 국가자료공동목록시스템(http://www.nl.go.kr/kolisnet)에서 이용하실 수 있습니다.(CIP제어번호: CIP2017027123)

착각의 시학 을지로 시동인집

빈 젓, 그 비탈진 그리움

도서출판 현자

서문

착각의 시학 '을지로 시동인'의 첫 번째 동인집 《빈 젖, 그 비탈진 그리움》을 첫 출간한다며 서문을 써 달라는 부탁을 받았다. 아직은 설익은 밥이다. 그래도 흔쾌히 이들의 요청을 받아주기로 했다. 그것은 어느 작가나 시인이나 처음부터 완벽할 수는 없다는 사실을 이미 알기 때문이다. 풋내 나는 사과가 입맛을 돋울 때도 있기에 말이다. 서로 함께 동인을 구성한 지 겨우 6개월 정도 남짓 되었다. 그럼에도 용기를 내어 동인지를 낸다 하니 한편으론 기쁘지 않을 수 없는 일이다.

동인同人이란 '뜻을 같이 하는 사람' 이다. 여기서 '뜻' 이란 것도 사실은 여러 분야가 있겠지만, 문학에서 말하는 동인은 작품의 사상이나 수법, 정서나 경향이 같은 사람끼리의 모임이라 할 것이다. 말하자면 하나의 에꼴을 형성하는 집단이어야 한다는 것이다. 또한 동인들은 그들의 에꼴을 동인지同人誌라는 구체적인 실체로 보여주려고 한다. 우리 문학사에서 이런 동인들의 작업인 동인지들을 살펴보면, 1919년의 《창조》가 있었고 이어서 《폐허》《장미촌》《백조》《금성》 등이 있었으며, 1930년대 전후에는 동인지 황금시대를 이룬 적이 있었다. 이후 1960년대에 와서 《시단》《현대시》《신춘시》《삼장시》 등이 동인지의 성격을 가지고 발간되었다.

그럼에도 우리 문단에 진정한 의미에서의 동인지는 드물었다는 말들을 하고 있다. 그것은 아마도 그들 작품이 만족할 만큼 하나의 유파를 형성하고 있는가 하는 의구심에서 비롯된 생각일 것이다. 가령, 프랑스의 고답파高踏派 시집에 말라르메의 〈목신牧神:半獸身의 오후〉가 게제 거부를 당한 것과 같은 확실한 동인 준칙이 정해져 있느냐 하는 점에서 이런 의구심을 나타낸다. 이런 점에 대해 김춘수 시인은 1910년대의 영국 이미지스트들의 기준이 참고가 될 것이라고 그의 〈엔솔로지 운동의 반성〉이란 글을 통해 이미 지적한 바 있다.

을지로 시동인 모임은 착각의 시학에서 운영하는 '문예창작 아카데미' 을지로 사무실에서 수업을 듣는 학생들로 구성하여 동인을 만들어 한 단계 성숙한 작품 활동과 함께 시인으로서 창작능력을 배양하고자 하는 취지로 가장 순수한 의미로 출발한 것이다. 창간 동인으로 몇 사람이 빠지긴 했지만 작품을 발표하는 가론, 도남, 김들샘, 해솔, 정든별, 장해란은 동인의 핵심 멤버이다.

동인지 원고를 읽으며 이들의 눈이 세상을 얼마나 진솔하게 보고 있는가를 알 수 있었다. 기쁘고 슬픈 것, 부당하거나 얄미운 것들을 보면서 본 대로 느낀 대로 쓰는 것이 시인의 몫인데, 이런 부분에서 참여한 동인들은 누구에게도 빠지지 않은 듯 싶다. 그래서 믿음이 가는 분들이다. 아직은 부족함이 더 많지만 앞으로 착각의 시학이라는 하나로 결속하는 정신적 지향점이 되도록 끝없는 정진과 발전을 기원하며 서문에 가름한다.

-김경수 (시인, 문학평론가, 국제 pen 한국본부 이사)

목차

| 도 남 圖南 |

목차

| 김 들 샘 |

|장 해 란|

가론

팔월
뜨거웠던 열기 쪽빛 남기고
하루에도 수십 번 변덕을 부리는 날씨와
마음의 이중성 알 수 없는 성격을 가졌다
그 모든 것을 포용할 수 있고
순간의 느낌과 정서, 훌훌 털어버릴 수 있는
마음의 창고가 생겨서 참으로 행복하다
닫혀있던 가슴
계절의 순환처럼 물들어 가는 미학을
한 자 한 자 옮기고
벽에 부딪혀 써 내려가지 못한 글
눈썹 치켜세우며
기지개 켜는 꽃 무릎의 겸손함으로 다가가고 싶다
하제 교수님과의 인연으로 시작한 글쓰기
시라는 표현을 쓰기에는 부족하지만
미약한 글에 힘을 실어주고
삶의 탈출구를 열어주신 분
감사합니다.

등목 ·

연습 없는 삶 ·

빈 젖 ·

남자의 계단 ·

나이 오십 ·

어느 한순간 ·

찔레꽃 너는 ·

구둣방 아저씨 ·

가슴에 담은 눈꽃 ·

십이월로 아침을 ·

겨울 외출 ·

비 오는 거리 ·

북향 ·

장흥의 노래 ·

가슴에 핀 바늘꽃 ·

빨간 오토바이 ·

가을 언어 ·

시간의 밥알 ·

가을 바라보기 ·

혜성원에서 ·

가론

경북 상주 출생, 종합문예지 《착각의 시학》 시 등단,
한국착각의 시학 작가회 회원, 시 창작 아카데미 수강.

등목

곡선 물줄기 따라가니
웅덩이 가득 집을 짓고 있는
추억의 소리
졸졸졸
어느새 등목 기다리는 단발머리
까만 콩이 생각난다

힘겨운 펌프질
쫘악 쫘르르 소리를 내면
어머니의 거친 손바닥이
나의 등 후려치며 가난을 토해낸다
까만 콩은 폴짝 폴짝
굳어버린 등짝
낮은 밤하늘 별에 위로받고
모기 쫓는 불씨에 여름이 타들어갔다

연습 없는 삶

가늘고 긴 줄기
삭둑-
화분에 심었다
상처 자국에 싹 틔우는
작은 선인장 살뜰히도
퍼즐 맞추듯 살아난다

끝나는 곳에서 모든 것이 시작됨을 안다

연습 없는 삶
가파른 언덕을
숨 가쁘게 달려간다

나만의 세상
참으로 다행이다

빈 젖

햇살 살며시 누울 때면
봄 소풍의 설렘이 밀려온다
유독 새까만 피부와 눈동자
아카시아 한 바가지 따서 라면머리 만들고
발랄한 숲 속 쏘다니니
입맛 자극하는 산딸기, 버찌
벌겋게 상기된 미소 배꼽잡고 깔깔깔
꾸벅꾸벅 졸다 집에 가는 길
신작로에 늘어선 미루나무
울창해서 슬프다
톡
톡
보낼까
있을까
보낼까
있을까
보낼까로 끝나는 날이면
손에는 아카시아 모양의 물이 들고
엄마의 그림자 미루나무 숲으로 사라진다
해 빠지는 시간

할머니의 빈 젖을 찾아
또 밤을 태운다

남자의 계단

북어 한 마리
두드려 속을 달랜다
후줄근한 바지
충혈 된 눈으로
쌓아올린 계단에

한 걸음
두 걸음
하루를 마주하는 햇살
붉고 붉게 흔들어댄다

나이 오십

삼십 분이 지나도 버스는 오지 않았다
이미 젖은 손수건으로 땀방울 훔쳤다가
부채로 식히기를 반복하며
깊숙이 젖어오는 체온을 느낀다

허기를 느끼는 알 수 없는 몸뚱이는
여름을 틈타
몇 군데의 병원을 다녀 봐도
병명은 나타나지 않았다

초록의 폭염은 폭포를 이루었고
초가을 날씨는 이상기온이다

빠르게 달려가는 버스 안
허락 같은 핑계로 동행하는
창가에 앉은
또 하나의 그녀를 발견한다.

어느 한순간

어느 한순간
손 닿을 수 없는 거리
햇살에 말라가는 여백이
절절하게 스며들고

어느 한 순간
색상의 날갯짓은
이유 없는 행복으로 다가와
오월을 심장의 빛깔로 물들인다

어느 한순간
거칠게 호흡하는 꽃잎
다가오는 너에게
기억하는 세포는 완성하지 못한 그리움으로
저미어 가는 오후

소나무의 단단한 믿음은
불빛의 흔들림마저 치유된다.

찔레꽃 너는

하얀 수건 두르고
밭 매는 엄마는
허덕이는 아이들의 젖줄이다

이슬 머금은 순백의 자유로움이
벌판에 평화로이 흐드러지고
여린 순 향한 거침없는 손놀림에
반항하듯
가시는 손등 붉게 물들인다

핏물인지, 눈물인지
떨어지는 서글픔도 잔잔히
품속으로 뛰어오는 아이들의
거침없는 호흡
나를 삼킨다

구둣방 아저씨

여린 불빛 따라 구둣방에 들어선다
손때 묻은 세월만큼이나
허기 느낀 낡은 도구
골목 식당 메뉴판처럼
벌어진 구두코를 반갑게 맞는다

세심한 바느질 소리에
가늘게 떨어지는 땀방울
기운 없는 그의 무릎 일으켜 세우며
꿰맨 구두코 자국을 만지작거렸던
까만 손

오늘도
하얀 절망 하나 키우던
구둣방 쪽문은 닫히고
남자는 익숙해진 길 따라 멀어져갔다

그 후
셔터 문은 굳게 내려져 있고

서툰 글씨의 안내문을 바라보는
거리의 어두운 시선만이
생사生死의 안부 묻고 있다

가슴에 담은 눈꽃

같은 공간 살 섞으며 살지
뼈아픈 소리 듣고 뱉으니
다행이다
인자한 그분의 본분
찬바람 가슴치고 들어와도 버틴다

창가에 서리
얼어붙은 몸 봄을 부르고
하늘에 걸린 잿빛 구름
하얀 송이 정겹다

싸늘하게 몰아치는 숨소리
거친 손놀림에 끙끙 앓겠지
두터운 이불 속 한기
푸른 소주로 대신하며

하얗게 들어난 맨발 위
앉은 눈꽃
붉디붉은 매화다

십이월로 아침을

십이월에 그려진 잎맥
바스락
낮은 몸 웅크리며
속살 가벼이 누워있다

하얀 머리이고
늘어 선 행렬 향한
메마른 시선
거드름 피우며 꿈꾼다

마른 입김 사그라지고
가볍지 않은 숫자 배열은
퍼즐 조각 입에 물고
긴 날 위한 독주

그립게
뜸 들이는 십이월

겨울 외출

코끝에 앉은 정겨움
주문진으로 향하는
버스에서
나는 바다를 먼저 본다

그 언제였던가!
끓어오르는 뜨거움 토해내는
5일장의 눈요기는 여전하고
진열대를 갓 채운 마른 야채
한파에 딱한 처지의 모습
겨울 풍경으로 그려내고 있다

내 나이만큼이나
길게 늘어놓은 풍어는
차가운 물줄기 따라
생명처럼 거친 뼈마디를 즐긴다

깊게 패인 주름 위에
분칠 고운 여인의 모습 아른거려

답삭 안기니
세월에 굽은 허리는
걸걸한 웃음 뒤로 하고
잔잔한 파도의 여유만 늘어놓는다

비 오는 거리

점점 먹색인 하늘
자근자근 대지를 적시는 생명수
푸른 공기 단잠 깨우는
일상의 도돌이표

재촉하는 신호와
시위하듯 울리는 경적
우울한 눈길 거리를 떠돈다

칼슘 없는 텅 빈 뼈 하나로
몸을 지탱하는 늘그막 길
수레를 끄는 것은 파지의 무게만큼
어기적거리는 삶

그를 바라보는 나는
빗속에 감춰진
흐려진 나의 한계를 찾고 있다

북향

꽃눈 달고
더디게 가는 삼월
묵직한 붓으로
세상 그리니
한 잎
두 잎
가려진 속살 익숙하다
북향으로 나 앉아있는 그 길
가냘프다 여겼던 순백
찬란하게 부서지며
인내하는 고고한 자태
영원을 마다하고
낮추고
더 낮추니 처연하다

장흥의 노래

퍼붓는 날
가슴에 부는 조급함으로
탐진강에 인연의 발 내딛는다
거세고도 잔잔한 물빛 신비로워
심장을 향한 나만의 세계
전율처럼 다가오는 추억
공간 속 움직이는 형상과 온화한 숲
공허함을 채워주는 젖가슴은
풋풋한 아이의 볼우물처럼 발그레하다
하늘 다 차지하는
맑고 깊은 새소리는 귓가에 앉아
들었다 놓았다 반복하며
언어의 진실과 말의 자유를 논한
이청준님의 '눈길'에 생각이 잠시 머문다

밥그릇 수북하게 담긴 삶
문장으로 쏟아내는 대문호의 산실
갯벌의 갈고리 손은 엄마의 생을 노래하고
끊임없이 손질해 가는 씻김굿으로

자작자작 내리는 빗물은
어머니의 서러움일까

나는 장흥의 빗물을
밖으로 뒤집어쓰고 있다

가슴에 핀 바늘꽃

한 줄기 바람 멈칫하더니
물 폭탄이다
외길에 놓인 다리 하나
황톳물 범람하여 길이 끊겼다
제사 준비로 일주일을 보낸 낯선 시간
비온 후 밭을 들러보시는 아버님
논둑에 가지런히 놓여있는
개망초, 달개비
툭툭 발로 찼다

시큰둥 표정 읽으시고
"가자 델다 주꾸마"

물에 잠긴 오토바이에 놀라
꼭 잡은 허리춤
따스한 며느리 사랑 체온을 느낀다
언제나 들꽃을 안겨주시던 살가운 아버님
잔정은 시간을 거슬러
바늘꽃 피는 계절이면

다른 세상에서 보고 계실 생각에
가슴의 바늘꽃이 더 아리다

*잔情_ 자상하고 자잘한 정

빨간 오토바이

소녀의 여름 앞에
빨간 오토바이가
골목길 더위 식혀 버릴 듯이
햇살 들어 올리고 있다

회색 창 사이로
그를 처음 본 순간 내 감정은
이미 빛의 속도로 그를 도둑질하고
멈춰버린 심장은 미래를 꿈꾸었다

빨간 오토바이에 헬멧을 쓴
그 남자의 생각을 길어 올리는 것은
숨조차 가쁜
나만의 파문일까

내 체온에 묻힌
고장 난 그 남자
차가운 달빛처럼
아직도 막막한 그리움이다

가을 언어

— 코스모스

공기의 선율에 반한
더 가냘픈 꽃대

햇살에 스며드는
마른 잎의 갈증이 낭창낭창
쓰러질 듯 버티는
고고함이 안쓰럽다

언어의 몸짓으로
말하는 동안
잊지 않으려 바둥대는
한 잎
한 잎의 진저리

선홍빛으로 물든 하늘
화전 붙이듯 포개어
엎치락뒤치락 업고 간다

시간의 밥알

안녕하세요.
오늘따라 정겨운 새소리
거실까지 들어와 앉는다

하루를 준비하는 주방은
커피 향과 섞인 찌개가 기다린다
식탁 위에 오가는
아이들의 수다는 반찬이 되고
큰 남자는
시간의 밥알을 먹는다

정겨운 음식과
앞치마 두른 익숙한 모습에
그 남자는 자근자근 말한다
나대지 말고 순종하기를

나는 오늘도
포개지지 않는 무심한 손길 위에
거친 사포질 해대며

힘겨운 숨쉬기를 반복해 본다

여전히 좁혀지지 않는
동행의 감정은
시간의 밥알만 세고 있다.

가을 바라보기

마주하는 햇살
반쯤 가려진 눈 응시하며
파랗게 흔들렸다 노랗게 춤추며
공원에 앉아 밥상 차린다

스치는 바람의 춤사위
열정과 땀방울 식혀
말없는 소름으로
스르르 눈 감는다

좁은 길 따라
흘러나오는 옛 노래
기억의 목소리 알듯 알듯
뛰는 새가슴은
또 다른 세월 하나 줍는다

혜성원에서

낮게 드리워진 하늘 아래
혜성원 가는 길 열리고
운동장을 채운 절름발이 색깔들
빨간 단풍 옷, 파란 줄무늬
까진 맨발에 슬리퍼가 운동회를 한다

친구의 미소 닮아
곱게 어우러지는
너와 나
우리
무언의 인사 건네는 어색함이
경계의 끈 놓지 않는다

시작을 알리는 호각 소리에
부자연이 자연스러움으로 환호하는 손
어지러지는 시간 반추하며
선홍빛으로 물든
내 마음

도남

가을로 접어든 인생 길목에서
비로소
자아 재탄생의 희열을 맛보게 된
을지로 시 동인지 발간
갓 태어난 아기 눈처럼 세상 모든 것이
신선하고 신비롭고 아름답게 보이며
아픈 상처 치유되는 새로운 삶이 시작된 것이다
아직은 덜 익은 부족한 글이지만
학동들의 뜨거운 학구열이 이루어낸 결과이니
신기루의 동반자로써 고마울 뿐이다
동인지 발간을 계기로
진심을 진실로 엮어 나가며
인생을 담고 사랑을 담고
희망을 담는 시심의 착각에 빠져들고 싶다

이팝나무 꽃길에서 •

소낙비, 그 후 •

가을 계곡 •

사라진 터 •

청보리 알 •

명절 전야前夜 •

명절의 기억 •

봄비 그치는 날 •

고백 •

바늘꽃 •

하얀 싸리꽃 •

가을 커피 •

삶 •

꽃이 진 자리 •

희망 •

가을 •

배롱나무 꽃 •

탐진강 징검다리 •

소등섬 일출 •

시간 쪼개기 •

사랑 한 젓가락 •

도 남 圖南

전남 장흥 출생, 종합문예지《착각의 시학》시 등단,
한국착각의시학작가회 회원, 시 창작 아카데미 수강,
장흥 별곡문학 회원.

이팝나무 꽃길에서

아내와 걷는 쌀티밥 터널의 꽃길
카메라에 비친 아내의 모습은
한 그루의 이팝나무 꽃이다
셋방 옮겨 다니며
부족함을 탓하지 않고
일벌처럼 살아오며
청춘을 바친 흔적이 너무도 희다
오월이 피워놓은 이팝나무 꽃길에서
아내는 내 손을
나는 아내 손을 달빛으로 잡는다

소낙비, 그 후

심상치 않은 바람소리
낮이 밤이 되는 공포의 순간
하늘의 분노에 섬광 일고
흙비 쏟아진다
순식간에 도로가 마비되고
흙탕물이 범람한다

이윽고
개운하게 열리는 하늘
물방울 맺힌 무궁화에 생기가 돈다
시원한 바람이 가슴을 뚫고 가니
이 땅을 숨 쉬게 하는
하늘의 축제이다

가을 계곡

개여울
돌멩이 틈새로
한가로이 오가던 피라미
하얀 구름 위를 난다

빨간 단풍잎
물 위에 떨어져 하늘을 쳐다보자
고기떼 구름 뒤로 흩어졌다 모이며
춤추듯 하늘을 유영한다

하늘 품고 있는
가을 계곡이
살아있는 평화다

사라진 터

구석구석 아버지 손길에
어머니 홀로 눈물 마를 날 없던 곳
지금은 들어갈 수 없는 고향집
대문 밖에서라도 바라볼까
손때 묻은 흔적도
육남매 정이 쌓인 마당도
천리향의 향기도
무심한 시간의 농간으로 사라진 터에서
아린 기억 되새기다
뜨거운 불기둥 목구멍 타오라
발길 돌리며 눈물 쏟는다

청보리 알

뙤약볕이 보리밭 달구던 날
구슬땀 흘리며 보리를 벤다
목이 타고 허리 끊어질 즈음
언덕 밑 마른 풀잎 불에
정성 들여 구워온 청보리 알
재 묻은 아버지 손바닥에는 비취색 알갱이의
보리알들이 반짝거렸고
하늘은 눈부셔
허기진 가슴까지 씻어갔다
그 알갱이의 배부름은
여름 달빛에 녹아내리고
나는 닷 마지기 황금보리 밭에 누워
지금도 아버지의 알갱이를 받아먹고 있다.

명절 전야前夜

한강 줄기 따라 촘촘한 별무리
봇물 터진 듯 동시에 흩어진다
밤새 지칠 줄 모르고 달려가는 고향 길
정남진 바다 건너 섬마을까지
길 따라 거미집 완성되면
전국은 별 천지 된다
별무리 밀려나간 서울의 밤
어쩔 수 없이 남아있는 별빛은
고향을 그렸다 지워내며
잠 못 이룬다

명절의 기억

설 대목 장날
할머니께서 사 온
하얀 운동화
외양간 들여다보니
송아지가 없다

추석 대목 장날
마루 한쪽에 놓여있는
검정 운동화
돼지우리 들여다보니
새끼들이 없다

그때마다
말없이 어미를 쓰다듬던 아버지
가슴에 맺힌 눈물은
아직도 채우지 못한 사랑이었으리

봄비 그치는 날

— 친구

친구여
봄비 그치는 날
나를 부르지 마시게
달래 캐러 산에 갔다
산수유 생강꽃 아래
한숨 자고 올 테니

친구여
봄비 그치는 날
나를 기다리지 마시게
냉이 캐러 들에 갔다
고운 꽃잎에 반해
온 들판 누비고 올 테니

친구여
봄비 그치는 날
나를 찾지 마시게
꽃을 찾아 나섰다가
몸살 앓고 있는 풀과 나무에
말벗 되고 올 테니

고백

— 자라섬에서

부서지고 꺾인 가지 한쪽
스스로 치유하며
세상 향한 당당한 미루나무
춥고 두렵고 고통스러웠으리
그때마다 작은 희망 쥐어짜며
더 높이 오르고
더 깊이 뿌리내려 거목으로 자리 잡았다
상처 가려진 미루나무 아래
마음 열고 둘러앉은 순한 사람들
아팠노라고
슬펐노라고
빗장 걸려있던 심장이 토해내는
시원한 고백이다
속 깊은 미루나무는
은빛 물든 바람으로
눈물 닦아준다

바늘꽃

— 더위

햇빛에 쫓기고
건물 열기에 숨 막히는 도심을 벗어나
새소리 귀에 걸고
바람 소리 느끼며 오솔길 걷는다
심호흡하며
소리 한 번 크게 내지른다
간격이 좁아진 발걸음
나무를 바라보고 풀잎을 바라보다
바늘꽃에 앉아 여름을 몰아쉰다
가녀린 바늘 끝은 더위를 찌르고
시원한 바람으로 오솔길 식혀준다

하얀 싸리꽃

까끔 오르는 길 어깨에
하얀 싸리꽃
어머니 모습이 눈에 밟힌다
당신보다 두 배가 넘는
갈퀴나무 이고
보리 삶고 군불 때려
서둘러 오가던 길
지금은
찾는 이 없어 잡초 무성해도
변함없이 피어있는-
'으째야쓰까'
어머니 머리 위에 하얀 싸리꽃
석양빛에 불그스레 익어가고 있다

가을 커피

진한 갈색 뜨거움이
땅 위를 뒹구는 영혼과
뒤엉켜 잘 숙성된 가을 향으로
온몸을 파고든다

아련한 그리움이
불꽃처럼 타오르다
파란 하늘 흰 구름 사이를 돌아
가을 태운 매운 연기로 눈물 삼키며 온다

지친 가을을 마신다
쌉싸름한 듯 달콤한
인생을 마신다

삶
— 나무

물오르는가 싶더니
꽃 피고
열매 맺어
청록의 꿈 펼쳐가더라

긴 시간
내 생의 갈증 호소하더니
천둥 번개 비바람 속
이생의 흙 움켜쥐더라

혼돈의 시간 흐른 뒤
한숨 돌리니
해는 짧아지고
바람의 방향 바뀌어지더라

지친 삶
거친 숨 토해내더니
이루지 못한 아쉬움에 단풍들더라

황량한 벌판

찬바람 속
다가올 환생 준비하며
속세의 옷 아낌없이 벗더라

꽃이 진 자리

연하디 연한 하늘 열리는 날
햇살 보드랍게 안아주고
바람이 꽃불 쓰다듬는다
긴 기다림 뒤 짧은 아름다움
거친 바람 일고
마침내 꽃비 내린다
꽃이 진 자리
영롱한 눈물에 꿈과 사랑을
보석으로 남겨 놓았다

희망

나이 들어
굵은 주름살 박힌 아파트
모래밭 뛰노는 아이들 옆
빨간 장미가 웃고 있다
이 풍경
중장비 엔진소리에
낙엽처럼 사라지고
말쑥하게 차려입은
젊은 아파트로 돌아오는 날
저 아이들
다시 볼 수 있기를
빨간 장미
다시 피어날 수 있기를

가을

밤이 입 벌려
삼킨 햇살 토해내고
대추는 가을 풍악에
불그스레 물들어간다
갈바람 쓸어 담은 곡식
토실토실 속 채우면
들판이 비워지고
들판이 비워 가면
차곡차곡 곡간이 채워지고
곡간이 채워지면
겨울도 포근하니
돌고 도는 이치
이 계절에 멈추어도 좋을 듯싶다

배롱나무 꽃

초가을
하늘이 내려앉은 연못
파란 물 위에 하얀 구름 흐른다
여름을 태우던 불길
배롱나무 끝에 불꽃으로 타오른다
갈마바람에
타다 남은 불씨 연못에 떨어져
하늘까지 헹군다
눈 깜박할 시간
또 한해가
연못에서 타고 있다

*갈마바람_ 뱃사람들의 말로 서남풍을 말한다

탐진강 징검다리

시원한 물소리 타고
어린 마음 흐른다
다리 밑에 떠내려온
추억 하나로
물놀이하다 말고 물레방아 만든다
굵은 돌로 징검다리 놓고
돌과 돌 사이 작은 물길 만들어
깨당벗은 아이들 물레방아 돌린다
어깨동무하고 물레방아 따라 돈다
돌고 돌아 백발 되어 건너는
탐진강 징검다리
떠내려가던 아린 기억이
다 내려놓고
고향에 살라 한다

소등섬 일출

지난밤 소나무 아래 잠들다
쌀뜨물 빛 바다 위로 번지는
소등섬의 붉은 핏물
해안선 따라 선학동
천년 학 깃털 말리던 상서로운 빛
반도를 깨우고 세상을 밝힌다

시간 쪼개기

백발이 하나 둘 늘어갈 즈음
빠르게 돌아가는 시간을
잘게 쪼개 본다

예전에는 신경도 안 썼는데
돌아보니
지금 이 순간이
세상에서 가장 귀하고
소중하구나

촌음이 아까워
허둥대는 모습을 보면
살아온 날보다 살아갈 날이
짧은 탓인가 보다

사랑 한 젓가락

빛바랜
허수아비
들판에 세워 두고
온 가족 벼 베기 하는 날
쉬는 것이 더 좋은 새참 때
어머니가 종종걸음으로 말아준 국수
아버지는 물을 많이 마셔
배부르다고 한 젓가락
"우리 손주 많이 묵소"
할머니도 한 젓가락
배고픈 사랑
양푼 가득 넘치고
황금 들녘 넘실넘실 춤춘다

김들샘

부지런한 계절을 앞세워
을지로에 부는 바람은
마음을 보듬어주는 위안입니다.
뜨거운 날들 뒤로 하고
그리운 것을 추억하며
바라보는 하늘은 시리도록 눈부신
푸른 강입니다.
서로의 아픈 구석 어루만지며
위로해주고 위로받던 시간들 모아
이제 작은 배에 띄워 보내려 합니다.
언제든 떠나보낼 수 있고
또 새로이 맞이할 수 있는
마음의 터 예쁘게 가꾸며
저의 퀘렌시아 을지로
그곳에서 항상 열심이신 교수님께
감사 인사드립니다.

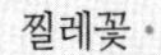

김들샘

전남 목포 출생, 종합문예지 《착각의 시학》 시 등단,
착각의 시학 작가회 회원, 시 창작 아카데미 수강.

찔레꽃

꽃봉오리 가슴
분홍 열꽃 일어
날갯짓하는 나비 따라
바람 한 장 넘기고

날마다 흔들리며
품었던 사랑
맑은 냇물에
꽃잎으로 띄운다

유월은 시린 눈을 가져
두 눈에 아롱아롱
하늘 한 켠 건너가는 너

찔레꽃 피는 길
바람자락에
하얀 웃음 하염없다

능소화의 밤

낮은 담장 너머
디뎌 선 그리움
하루 종일 단장하며
마디마디 아픔
견뎌내는 생
별빛 속으로
파르르 떨림은 두려움의 눈물
주름진 기억 미소로 머금고
더디 가는 밤 파고드는
슬픈 바람
산 채로 떨어지는 능소화
누가 떨어뜨리나

이 밤에……

칠월의 경계

시원하게 내달리던 자유
의도하지 않은 속도에 내려앉는 시간
땀에 젖은 바람이 되어
소리 없는 경계 그려 낸다

낯선 상처 영롱한 이슬
바람이 치대어 낸 고운 빛깔로
깊게 뿌리내린 여름 속에서
칠월을 모질게 엮어간다

산봉우리 아름다운 능선
꿈틀대며 살아나
두 손 포갠 여인의 발걸음처럼
천천히 물러나는 안개

젖은 물기 털어내며 재잘대는 꽃잎
멀어져가는 경계
칠월 너머 뜨거운 태양
더 이상 두렵지 않다

팽팽한 밧줄의 시간

빛과 어둠 사이
팽팽한 밧줄
안간힘 쓰던 손길 파르르 떨린다

병원을 다녀오던 날
마주하고 싶지 않은 진실
체에 걸러놓은 사랑 붙잡고
붉은 새벽 휘적시니
잘게 부서지는 시간
하얀 그림자 뒤로
고통은 거미줄에 걸렸다

모시나비 애호랑나비 머물다 떠난 자리
웃음이 지워지고 눈물이 갇히고
되돌리고 싶은 울부짖음
함께 꿈꾸던 지난 날
가느다란 숨으로 엎드린 채

팽팽해진 밧술의 시간 가늠해본다

잊힌 이름

피어나는 흔적 당당할 수 없어
어두운 쪽빛으로 들어오는 소록도
조각난 사연 눈물로 일궈내는 삶
매화꽃 가득 수놓아질 때마다
하늘 향해 떨리는 시선
그 끝을 모르고

사랑도 나눌 수 없는 지독함
차마 이겨낼 수 없는 절망
섧디 설워
찬 서리 가득한 분노는
차라리 눈을 감는다

하늘인지 바다인지
휘돌아가는 영혼
포효하는 몸부림
바닷새 함께 날고

이제는 당당해진

줄지어 선 반송 앞
핏빛 눈물 밟고 선웃음
어쩔 줄 모른다

사람은

꽃은 외로워
바람을 품고

그리움은 외로워
눈물을 품고

사람은 외로워
사랑을 품는다

압화

흩뿌려진 작은 별
고요한 봄을 흔들다
보랏빛 그대로 거기 머문다

잔잔히 흐르던 시간
멈춰버린 자리
돌아선 발걸음에
가까이 더 가까이
다시 올 숨결
낮은 몸짓 애처로이
사랑을 마주한다

무심한 바람
명치끝에 들어앉아
타는 가슴 바짝 야위어가고
짓누르는 아픔
너에게 다가가려 숨죽여 운다

머뭇대는 봄비

아직
떠나보내지 못한 겨울
묶여버린 고요 사이로
순백이 번져

여린 꽃잎
담금질 견뎌내어
세상을 향해
나지막한 숨을 내쉬고
하나의 음으로 달려
시간을 뒤덮는다

끝없이 이어지는
절경 같은 절벽을
취한 걸음으로 일어서
떨리는 울음 삼켜놓고
돌아올 길 더듬거리며
떠나야 하는 모든 것 앞에
머뭇대는 봄비

아버지

겨우내
끙끙 앓던 가지
떠나지 못한 잔설
꽃잎에 앉아
비껴가는 햇살 아래
꿈꾸는 듯 처연하다

수시로, 때론 쉼 없이
궂은 바람 몰려와
자꾸만 눈이 감겨
세상 한 점으로 멀어져가니

말 없는 사랑
아쉬움은 켜켜이
눈물 재우고
고귀한 가지마다 하얀 꽃잎
저 홀로 낙화한다

그 길에
사랑이……

지폐 한 장

오가는 사람들 옷차림
야무지고 든든하다
바쁜 발걸음 밑으로
바퀴달린 판자에 엎드린 채
뿌리를 내리고
강인한 생명을 키우는
겨울 밖 세상
물 한 잔 음식 한 입 참아가며
하루의 수고를 다 빼앗겨도
매일 그 길에
자신만의 꽃을 피우는
또 다른 생명력
걱정스러움에 마주친 눈길
지폐 한 장 넣고
고개를 돌린다
입김이 새하얗다
이 세상 고통 받는 사람 모두
슬픈 눈물 씻어내는
봄이 오기를

흔들리는 찻잎

넓게 펼쳐진 산자락
어슴푸레 운무가 가득
효성의 정기 머금어
새벽을 합창한다

순수한 태고의 향을 위한
애타는 마음
사라지지 않도록
꿈결 같은 시간이길

떨리는 마음으로
자유로운 허공에
비밀한 격정 쏟아내니
은은하게 빛나고

바람은 점점 여위어
초록을 물들이는 시간
안개 자욱 미명의 새벽 달
기약 없이 사라져간나

자화상
— 나는 지금

어둠의 빛을 따라
천둥벌거숭이
홀로 춤을 춘다

아픔은 점이 되고
여운은 혹이 되어
성난 마음 잠재우려
빈 몸으로 날개 펼쳐
적막을 휘젓는다

가슴에 정타로 날아든 비수
혼절한 머릿속
진실은
예상을 빗나갔고

타오르던 바람의 분노
숨을 고르니
사랑은

숨바꼭질을 다시 시작한다

새벽이
곁을 내주며
쉬라 한다

촛불

기억일까
추억일까
가만히 있어도
녹아내리는 결빙의 조각들

더는
함께 할 수 없는 시간 앞에서
아쉬움은
불꽃처럼 타오르다 가물거리고

아직도
내 영혼 곳곳에서
실핏줄로 살아 숨 쉬는데
이생을 함께하고 싶은데

어디에 계신 걸까
어디로 가신 걸까
가슴 먹먹한 이 밤
꺼진 촛불처럼 떠나버린 나의 어머니

장흥의 고백

— 동학농민혁명을 그리며

바람 사이 들려오는
들불 같은 함성
그 날을 기억하려
하늘 빛 청청하다

순박한 땅에
스며든 자유의 피
지워지지 않는
넓은 들이 서럽다

처절하게 찢긴 바람
천관산 깊은 골에 숨어들어
진달래, 동백은 봄마다 울고
억불산 떠나지 못하는 수많은 부처
편백은 쉼 없이 보듬는다

달빛 굽이쳐 흘러
어미의 눈물 모여든 탐진강
마주하는 하늘 매만지며
안개 속 징검다리 세월처럼 밟고 간다

언니의 정원

정원에는 잘 가꾸어진 꽃들이 많다
좁은 베란다 한 켠에
청순한 언니의 미소가 키워내는
붉은 장미와 싱싱하고 화려한 꽃잎들
때 묻은 언니의 삶이 아름답다
햇볕은 창으로 스며들어 걸러주고
물도 주며
사랑스럽다는 말도 건넨다
어느 날 솜털 가득한 선인장을 만지다가
손에 박힌 가시
어두워진 눈으로 빼내느라 애를 먹더니
그 이후로 조바심이 생겨났다
언니의 몸에도 피어있는 슬프고도 아름다운 꽃
나는 그것을 동행의 꽃이라 부른다
오 년을 넘게 홀로 키워왔지만
쉽게 시들지 않을, 어찌 보면 평생을 함께하는
꽃 몸살로 살아야 할 길이다
매주 화요일이면 창백한 마음으로 어둠의 꽃을 보러 나선다
슬픔은 이미 아물어 미소 띈 언니와

햇살 가득 머금은 눈부신 꽃들이 환하게 반긴다
더럽도록 예쁘다
삶의 뜨거운 눈물로 정원을 가꾸는
언니의 시간은 쪼그라들고
동행의 꽃은 늘 새로운 모습으로 피어나지만
언니는 정원의 꽃을 더 사랑한다
이 싱그러운 날
내 눈이 섧게도 아프다

해솔

태풍이 온다기에 문을 걸어 잠그고
들어앉아 창밖을 봅니다
잔가지 나뭇잎들이 떨고 있는 모습이
걱정되어 자꾸 바라봅니다
서로 부딪히고 비비고 위로하듯 굳건히
버티고 서 있습니다
눈물 흐르듯 빗물은 줄기와 나뭇잎을 씻어 내립니다
동쪽을 향해 기울어진 여린 줄기는 해를 들어 올리느라
안간힘을 쓰고 있습니다

눈부신 햇살
너무 아름다워 손으로 주워보려다
종이 위 찍어내어 꽃으로
그리고 삶의 조각보를
볕 좋은 세상 한 귀퉁이 걸어놔 봅니다.
보드라운 바람에게 전해봅니다

해솔

전북 장수 출생, 종합문예지 《착각의 시학》 시 등단,
착각의 시학 작가회 회원, 시 창작 아카데미 수강,
석정문학 백일장 동상 수상(2016).

눈물 말려 주는 여자

스친 적 없고
그리운 적 없는
연 분홍바늘꽃

그런 널
지난여름 내내 수를 놓았다

네 개 꽃 잎
하늘을 바라보다
날카로움에 눈먼 약속들

찔린 손끝 붉은 꽃술 되고
찔린 가슴 멍든 줄기 되어
수 틀 속 허우적대는 나비의 눈물

한 가닥 실은 그림이 되더니
으아리 꽃향기 같이 담아낸다

바싹 마른 침묵의 빈 터에서
눈물 말려주는 여자와 진한 열애 중이다

쉼 없이 사라졌다 사라짐이 없는 그곳에서

*눈물 말려 주는 여자_ 올케언니

안성댁 귀하

양은 도시락만 한
논두렁 밭두렁 위로
쪽빛 하늘 흐르고
어머니 모시적삼 위
스~윽 내려앉은 구름

해 저문 산문 밖
수양버들 빠진 개울
반딧불 날고 별똥별 지던
마을 어귀 청보리 밭

달무리 먹고
노랗게 익어갈 때
바람이 보낸 등불 들고
유목의 혈통 찾아 떠난다

쉰두 번
보리는 피고 익어 가는데
외씨버선 발로 뛰어오실 어머닌
빈 찻잔 가득 노을을 마시고 계신다

오늘도

벚꽃도
이팝나무 꽃도
모두 떠난 뒤

가을이 온다 해도
멈추지 않는
몹쓸 그리움

미처 가져가지 못한 마음
챙겨 들다 숨이 막힌다

기러기 지친 울음 듣다
첫눈을 기다린다

다행이다

귀머거리 아기 사슴 눈도 멀고

일그러진 빛 따라
자꾸 없어지는 길 따라
먼 길
홀로 가야만 한단다

어미는
명주옷 지어
부스러진 청춘 밟고
너보다 먼저 갔다

아침을 기다리던 햇살
조막손 위 흐르던 자장가
아무도 모를 일처럼 사라지고

녹아빠진 오체
들이대던 세 번째 단근질
하늘은 수평선에 맞닿아
결코 하나가 되지 않으려 한다

용서 위한 용서는 눈멀고

기도를 위한 기도는 귀를 닫는데
해풍에 걸린 노을을 노을은
해독할 맘이 없는 듯 통곡 위로
툭! 떨어진다

같은 자리 마른하늘은
담쟁이 덮인 소나무 숲을
내려다보고 있을 뿐

그렇게 가는 오늘

앞 다투어 지나간다
떠남도 보냄도 아닌
지독한 그리움

그래서
깊은 시가 되고
하늘 안색을 가린 그림이 된다

봄 여름 가을 겨울을
하늘 구름 바람 햇살을
수척해진 인연의 씨앗을
따로따로
뿌리고 거둔다

백단향 흐르는 숲
나만의 제국에선
벚꽃은 떨어지고
국화는 피고 질게다

착각의 덧문

차갑게 멀리 있던 별

일찌감치 미끄러지던 태양

소월을 그리워하던 진달래

잎보다 먼저 피우던 목련

텅 빈 우편함 속 매미의 허물
흐드러진 능소화, 원추리, 해바라기

눈감고도 찾아갈 그 길목에

반항하지 않는 바람이 눕는다

울렁울렁 대는 그리운 바람이

칠월엔
나와는 상관없이
7월만 있는 게 아니었다

당신의 여섯 번째 거울

기다리란다
고개 들고 날개 펴고
그래서 기다리기로 했다
말을 듣지 않는 상처는
엇박 춤이 되는데 조화롭다

달팽이관 어지러움 타고
"밥 먹었냐."
"고추장 된장 가져가거라"
등 굽은 구순 세월
목 넘김이 아린 검버섯

봄 여름 가을
손톱은 화선지가 되고
언 더덕 손등으로
짭조름하게 무쳐내던
풍년초, 벼룩이 나물

햇살과 바람에게 맡겨둔
쉴 새 없던 연달래 진 텃밭

수시로 찾아온 구름은
약해진 팔에 안겨있다

습관적 사라짐이 아닌
철없는 잊힘이리라

내 거울 속
언제부터인가
당신이 울고 웃는다

아버지의 여름

아버지는
이슬 먹은 꼴과 아침을
나팔꽃 휘감긴 대문 열고
싸리나무 지게 한가득 걷어 오신다

흐뭇하게 배 불리던 누렁이
솜씨 없이 길게 부르던 노래
마루 끝 걸터앉은 가느다란 발목

감나무 그늘 따라
곱게 빗질해놓은 마당
제 몫을 다한 듯 뭉텅해진 싸리비
앉은뱅이 꽃, 질경이도 빗겨져 누워 있다
무심에 발 담그던 세월
척박한 땅 딛고선 싸리나무
불그레 영글어 가던 가는 줄기
아버지의 여름도 따라 익어간다

오래전 물기 마른 고무신
멀어지는 노새 방울소리

꿈에서도 그리운 아버지의 여름

침묵의 자국

지하철 내려 걷는다

퉁퉁 부은 다리
자궁을 떠난
연어 떼에 밀려 걷는다
빗속에서 독립과 자유를 찾아
울어대던 카구 새
밤낮을 잊었는가

사람에 묻혀
연잎에 고인 빗방울
주제를 잊고 써 내려간 글 속에서
소리 없는 소리로 찰랑찰랑 댄다

지금과 이곳
달라지지 않는 하늘 아래
비워지지 않는 변명을 마다하지 않고
네 귀퉁이를 지켜본다

허기진 간절함은

결국 시들지 않는 중심과
까맣게 잊어버린 내 얼굴을
오래된 의미로 꽃 피우는 것

거듭거듭 살다 보면
또
지금 이곳

*카구 새_ 날지 못하는 새

비탈진 그리움

"딸"
"엄마 흰머리가 많아졌어"

"엄마 나이 때에는 다 나는 거야"

비탈진 유월을
막아서 본 적이 없는
5월

하얀 머리카락은 정수리에서
달콤한 의문으로,
어둠은 빈 들녘에서
헝클어진 자유를

왔던 길 잃고
서로 닮아가는
바람과 구름

홀로 내가 될 수 없어
그리움 고인 골짜기마다

너울너울 눈물 꽃이 핀다
당신의 빈 둥지에
이팝나무 꽃이 진다

그럼에도

떨어지는 널
밟을까
두어 걸음
느리게 걷는다

떨어진 널
밟을까
서너 걸음
먼저 걷는다

벚꽃도 그리 가더니
그럼에도 그럼에도
뚝!

그런 널
보지 않으려 자꾸만
먼 산을 본다

여자가 그린 여인

오천 원
동태 두 마리
탁 !탁 !
염분을 가르다
금세
다섯 식구 식도락으로
사그라진다

한 닢씩 물어 나르던
붉은 유혹의 뒤채 임

어딘가 매복되어
부딪혀 시가 된
잠언

비릿한 갱년
가슴팍 바람을 재우고
하늘 그리운 제비꽃 아래

목어가
돌아앉아 있다

해솔의 연가

마중 나올 이 없는
신촌, 덕수궁을
나보다 먼저
앞장서 간다

젖은 폐지의 녹아든
인사동 요람의 노래
마음이 지어낸
이야기 속으로
미끄러지는 암전暗轉

기울어진 노을
가슴을 대니
허연 속살이 보인다

발가락 마다
다른 박자
어긋난 리듬
알아서 지나갈 자국

뒤축에 매달려 간다

*암전暗轉_ 연극에서 막을 내리지 않은 상태에서 무대의 조명을 끈 다음 장면을 바꾸는 일

부탁

철든 바람 따라
도둑괭이 눈곱 떨어지고
산 벚꽃 산철쭉 피었다

어항 속 금붕어
범이 살았다던 용궁
그 전설을
꺼낼 틈 없이 간다

춤추는 습함은
창호지 스미고 말리듯
고이지 못하고 서두른다

그런 널
잡으려 쥐어보지만
배짱 있게 새어나간다.

이렇듯 떠나
언제고 올 테지만

우듬지 나무초리까지
퍼주고 남을 섬진강
친친 감긴 그리움
바람 한 가지 보낸다

설해목雪害木 위
한 평 남짓 세 얻어 떠나는
다섯 마디 비파 울음 위로

작달비도 좋고
장대비도 좋고
채찍 비도 좋다

잠시라도
머물다 가길

*선해목雪害木_ 많이 내린 눈으로 피해를 입은 나무

향수

찔레꽃 향기

빈 들녘처럼
허해진 가슴을
자꾸 도둑질해간다

한쪽으로만 부는 바람
그래서 한구석만 아파오는

너의 향

봉숭아 꽃

첫눈이 내리면 널 찾아본다
행여 날 기다리고 있지는 않은지

또 가는 봄

목단 몽우리 위로
미련 없다 춘백씨앗
또르르

연을 다함이 아닌
기약이라
5월은 말한다

넌
하늘 바다
산 강 숲들에게
백팔번뇌보다 많은 설렘을
주는 발효된 계절

부디
천변만화千變萬化 끝자락에서
옹색하다 여기지
말아주길

늘

내 잔상에
별은 뜨고 지듯
널
기다릴 게다

목련으로 피어나는 팽목항

겨우내 두 겹의 털옷은
아홉 생명을 품고
북쪽 연분홍 바람 타고
나무 위 연꽃으로 앉아있다

그날
하얗게 질린 파도 위
여린 아홉 꽃잎 누이고
봄을 맞이할 기색이 없다

날 시퍼런 갱지 활자
굿판 한 자락 깔고
흐느끼는 아리랑
휘청대며 별이 지다

벌건 숯덩이 숨은 멎고
잘린 탯줄 위로
날개 부러진 노란 피리새
네모난 눈물 발등을 찍는다

는개에 젖은 새벽
듣는 이 없는 수평선 침묵
속도가 다른 슬픔
푸른 입술로 물든 통곡

그대로 있으라……
그대로 있으라……

그러니
꽃들이여
꽃잎들이여
사라지지 말아라

이지러진 유월 우담바라에게

스물다섯 개 섬 기슭
그늘진 숲 봉우리도 스물다섯 개
구천여 일을 조금 넘긴 시간 부모와 자식
채권과 채무가 아닌 자식과 부모
있음을 다한 운명이고 연이라 한다

덜컹대던 심장, 파랑새 좇던 자유
실크빛 불사르던 경이롭던 삶
분노의 젊은 탄식들을 어쩌려고
비바람 폭풍 속 무력한 시인의 눈빛 보이느냐
가련다 가야겠다 하느냐

차디찬 시멘트 구석바닥
초연한 절대고독의 검은 그림자 하나
거미줄에 포박된 시든 국화향 떨림은
입맞춤마저 길을 잃어 꿈틀거림도 버겁다
결별 앞에 망각할 준비도 없는데
퀭한 광대 낭떠러지에 칼바람 괴성은
표정도 소리도 없이 바다 위를 일렁인다

회한의 세월 앞
그 미친 잉태의 그리움이 허물 벗으면
두고 간 세상사 비단자락 위 금사, 은사, 실 꿰어 옷
지으련다
그림자 넓은 앞마당엔 나비 업은 민들레와 노랑어리
연꽃을
붉은 설움 물든 자귀나무 옆 심어놓으련다
혹여
능소화 그늘 따라 엉겅퀴도 피거들랑
미천한 우울과는 타협하지 마라

쌀 반 톨만 한 가슴 하나 열지 못하는 건
오만하게 짓밟혀진 기다림의 약속 때문이다
애잔한 그 처마 끝에 풍경 달고 붓다 눈 속에
삼천 개 꽃으로 피어 울어라도 주어라

울어라도 주어라

이제야 나에게 내가

하늘의 뜻을 안단다
십리길 다섯 번 가봤을 뿐이라 우긴다

깊게 박힌 여자의 기미
기억되지 못한 것들로 찾아와
옛 청춘을 화장한다

물음표 없던 녹차 맛 같은 물음표
젊음은 새벽 반달 끝에 대롱대롱

모양새 다른 나직한 약속이었다

장마 속 피어난 곰팡이
바람을 그리워했다
한 계절 살다가는 매미의 죽음을
설명할 필요가 없다

자유가 자유롭던 하늘빛 상상
때로는
이백육십 번 침묵의 기도

하루 한 번 찾아오는
십자가 묵상으로
그대는 그대처럼
나는 나처럼
창조되었다

홀로 태어나 익어가는
그 모든 것들에게

내가
나에게

네가 온다기에

아지랑이 구부러진 길섶
숨 쉴 때마다
바람의 팔에 안겨온
진한 쑥향

간간한 고독 한 수저
뚝!
부러진 그리움 한 수저 반
휘휘저어
장맛 익혀내던
그 집
토방과 댓돌 위 삐딱하게
봄이 걸터앉아 있다

햇살 등진 아낙 수틀에
색동바람 머물더니
가시 산당화 향내 가득
수선화 꽃술은 한들한들

솔바람 묻은 산수유 재채기

걸어둔 빗장 열어
북향화, 설연화 피워 놓았다

살구나무 밑동 위
연둣빛 삼월
지독한 진통 걷어낸
얼크러진 인동초, 댕댕이덩굴

밤나무 숲 고라니 녀석
씀씀한 머윗잎 식도락은
젖빛 옹달샘에 빠져있다

물어물어 찾아온 춘풍
풀숲에 누워
겨울 낮달을
보내야 한단다

닿을 듯 삽힐 듯
스쳐 갈 테지만
잰걸음 재촉 말고

물 한 모금 축이고
쉬엄쉬엄
넘어가길

봄
네가 온다기에
설레는 노모老母란다

실루엣의 도시 장흥

비가 그리운 날
바람 그리운 날
네가 그리운 날

그리고
내가 나를 그리워하는 날
사부작사부작 대는 가슴 달래어
천관산天冠山 기슭 시화 걸어놓으련다

가는허리 휘감고 흐르는 탐진강
편백향 묻어 떠오르는 소등섬 일출

더 보탤 것 없이 투명해지는 정남진의 평온
시인의 속삭임은 품 넓은 어머니 섬을 휘돌다
물빛 실루엣 옥색 바람으로 취해 머문다

기대 살아갈만한 설렘의 도시
온고이지신溫故而知新의 도시 장흥

그냥 사는 너

티끌만한 미움
눈치 없이 뭉개진 그 미움이
이파리 사이사이
떨어져 내리던
햇살과 산들바람을 기억한다

주인 없는 조각구름과
뒤엉킨 계곡은 다툼이 없다

낮과 밤
노아방주를 잠재우던
혼절했던 참아냄을
외면하지 않았다

고흐 귀를 열었던 푸른 음성
와인 속 젖은
칸트의 휘파람 소리
시든 귓가에 위로해주던

넌
물을 닮은 나무다

위로하듯 다가가
앉고 싶지?
눕고 싶지?
쉬고 싶지?

까치집 꽃을 안고
그냥 서 있다

그냥 사는 거란다

그냥 살 수 있는 거라한다

정든별

한 번 밖에 올 수 없는 세상에 와서 의식을 깨우면서
누구나 나름의 기대와 꿈들이 있으리라
짧고 굵게 살다가 떠난 자들이
자신이 품었던 꿈과 기대를 경험해 보고 갔을까
경험해 보지 못하고 떠난 많은 이들과의
운명으로 체념해 버렸던 나에게
나는 묻는다

나는 특별한 신의 축복이라는
선친들에게 물려진 갈등의 힘
몸을 부대끼면서 그것을 거부하며
내 길을 만들어 내기 위한 냉정한 투쟁
가깝고 먼 가족들끼리 서운함과 야속함을 입었으리라

젊은 세대들의 기대와 꿈속으로 진입되어 온 동인지
감당하기에 적절한 동인지 소감을 쓸 수 있을까
많이 떨리고 조심하며
또래로 인정해주는 동인지 학동들
맑은 시심으로 턱없이 부족함을 끌어주시는
지도 교수님께 진심으로 감사드립니다.

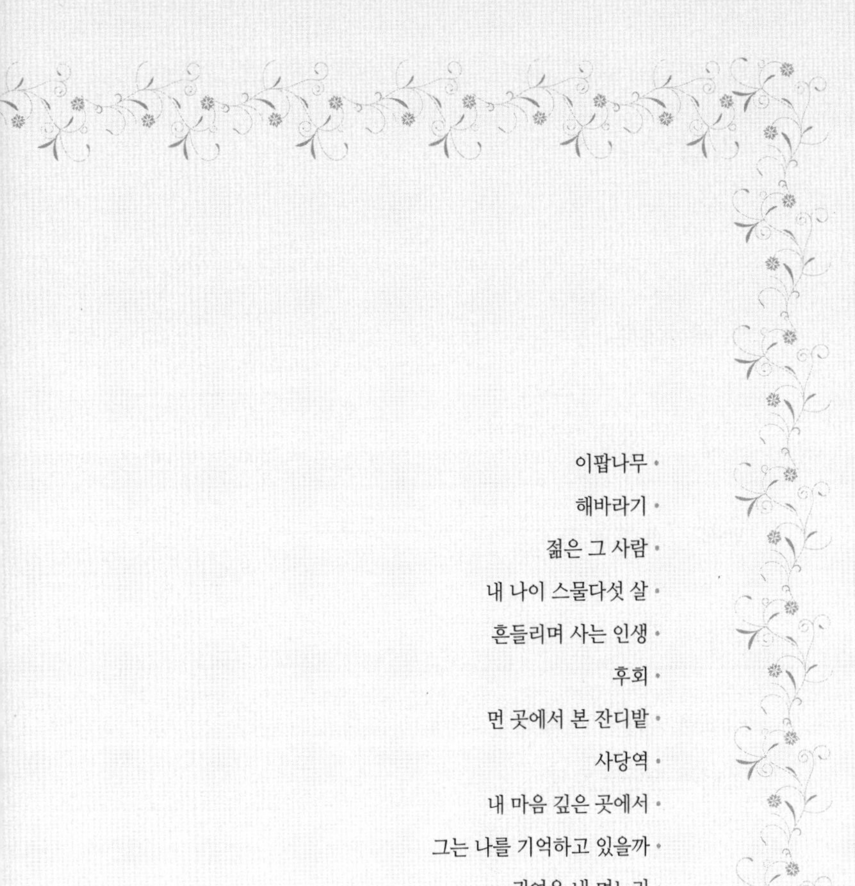

이팝나무 ·

해바라기 ·

젊은 그 사람 ·

내 나이 스물다섯 살 ·

흔들리며 사는 인생 ·

후회 ·

먼 곳에서 본 잔디밭 ·

사당역 ·

내 마음 깊은 곳에서 ·

그는 나를 기억하고 있을까 ·

귀여운 내 며느리 ·

해당화 꽃이 되어 오리라 ·

눈물 ·

이대로 있고 싶다 ·

만남 ·

오늘 ·

새벽 눈의 고백 ·

정든별

전남 영암 출생, 종합문예지 《착각의 시학》 시 등단,
착각의 시학 작가회 회원, 시 창작 아카데미 수강,
경기도 직업 훈련소 훈련 교사, 빛나라 지역아동센터장,
청룡 봉사상(仁賞) 외 다수 수상.

이팝나무

이 세상에서
내가 사랑할 수 있었던
이팝나무 향을 가진 당신

내가 지쳐 있을 때
그래서 쉬고 있을 때
당신을 만나고 싶어 합니다

가혹한 세상의 매를 맞고
쓰러져 잠들었을 때
당신을 만나고 싶어 합니다

어느 날
이팝나무 꽃송이로 만들어진
내 침실에

이팝나무의
꽃송이로 만든 양복을 입고
나를 찾아와

내 전신에 아픔
애잔해 하며 두 손목 꼬-옥 잡고
새 힘을 실어 주고 떠나간 당신

애절하게 만나고 싶었던
당신을 꿈속에서 만나
열아홉 소녀가 되었습니다

해바라기

해바라기와 반사된 빛의 만남
그 중심에 있어 본 적이 있는가

노랑 꽃잎 안에 그 많은 씨족들
예뻐라, 착해라, 인자함을 잔뜩 머금은
해바라기 마을이 그리워진다

숲이 우거진 마을을 떠나
나의 씨족들은 지금 어디에
다시는 만날 수 없다는 공허에
주저앉아 통곡하고 말았다

숭배 그리움. 기다림이라는 꽃말
씨는 抗日葵子향일규자 癰膿옹농을 속까지 없애며 혈리를
치료한다
뿌리는 向日葵根향일규근 타박상, 소갈 인을 치료한다
잎은 向日葵葉향일규엽과 꽃은 苦味健胃劑고미건위제가 된다
줄기는 向日葵徑隨-尿路結石요로결석 小便不利소변불리를
치료한다

나의 씨족을 머금은 해바라기는 만날 수 없다

젊은 그 사람

나만의 나로 살아갈 날이
너무 짧은 나는 우울하다

나이를 먹으면
안 되는 나를 찾을 수 있는
감성이 있는 사람을 만났다

톡톡 튀는 젊음이 있는
나와 같은 생각을 가진 젊은 그 사람

항상 웃고 자신감 넘치는
나와 함께 있으면
나를 찾을 수 있게 해주는 그 사람

아름다운 꽃 피우기 위해
튼실한 열매 맺기 위해
푸르른 숲으로 준비되어 있는 그 사람

안 보면 그리워지는
날마다 그것도 많이 그리워지는 그 사람

내 나이 스물다섯 살

내 나이 스물다섯 살
내 친구들은 결혼을 해서 가정이라는 행복을
가꾸고 있을 즈음
결혼은 시시한 여자들이 하는 것이라던
나였다

퇴근 후 나는 매일 남산 길을 걸으며
꿈꾸는 미래와 데이트를 하고 있었다
어느 날 뒤에서 산책하던 청년 중 한 남자가
갑자기 내게 말을 걸었다

아이 깜짝이야 하는 순간
그는 미소로 화답하며 나와 동행을 했다

주변의 결혼 설득에도
산과 결혼 했다는 주장으로 버티었다는 그
오늘 자신이 찾던 그 어떤 산과는 다른
가장 멋진 산을 만났다며
내일 이 시간에 이 자리에 와 있겠다는

그의 고백과 약속에
나 또한 속삭이듯 많은 얘기를 하고 말았다

그러나 나는 그 자리에 가지 않았다
아니 남산 길을 다시는 걷지 않았다

그는 지금 어디쯤에서
어떻게 변해 있을까

참으로 궁금하다

흔들리며 사는 인생

이 세상 그 어떤 사람도
흔들리지 않고 사는 인생이 있던가

이 세상 그 어떤 사업이 흔들리지 않고
성장해 온 적이 있던가

사실 아닌 왜곡으로 슬프고, 괴로움에 지쳐
흔들리며 살아 온 인생이 아니던가

웃으면서 일어서야 하고
흔들리면서 훌훌 털며
새로운 꿈으로 살아가는 인생이 아니던가

후회

나는 가끔 후회한다
그때 그 사람을 만나게 된 것을

나는 가끔 후회한다
그 사람을 보내야 했던 그때를

나는 가끔 후회한다
그 사람을 사랑하지 못했던 것을

만남의 소중함을 깨닫지 못했던 어리석음
왜 의미도 없는 사연으로 보내야 했는지

전심을 다해 나를 향한 사랑을
진지하게 사랑해 주지 못했는지

만남이나 보냄이나 사랑하는 것을
소홀이 했던 어리석음
나는 가끔 후회한다

먼 곳에서 본 잔디밭

먼데서 본 잔디밭이
아름답다는 말을 들어 본 적이 있는가

잔디밭이 너무나 아름다워 찾아갔을 때
그곳에는 발이 넘어지는 위험스러운 돌밭이었고
그곳에서 뒹굴다가는 생명에 위험을 가할 수 있는
가시넝쿨 밭이었다

나는 이십여 년 동안 먼 곳에 있는 잔디밭에서 놀았다
아름다운 걸음을 걸어보고 싶었고
잔디에 누워 뒹굴면서 높은 하늘을 향해
소곤소곤 많은 얘기하고 싶었다

그러나 그곳에서 나는
머리가 깨지고
내 온 몸에 충격과 상처로
3년을 치료하는 아픔을 견뎌내야 했다
먼데서 보는 아름다운 잔디밭은
양의 탈을 쓴 이리와 같은 곳이었다

사당역

줄지어 밀리는 새벽 사당역
어떤 일을 하기에
저토록 바쁘게 밀리며
달리고 있을까?

나와는 다른 씩씩한 젊은 사람들
예쁘기도 하여라
하루를 마치고 귀가할 때도
예쁘고 씩씩한 저 모습이어라

내 마음 깊은 곳에서

내 허리 껴안고
나를 반기며 응석 부리는
내 아들딸들아
내 어린 날 넓은 마당에
멍석 깔고 누워
청아했던 달님 향해 이런 생각을 했지
둥근 하늘이 무너지지 않는 것은
저 하늘을 받쳐주는 기둥이 있으리라
그 기둥 가까이에 살고 있는
아이들은 참 좋겠다
기둥 타고 하늘에 올라가
해님도 달님도 만날 수 있을 테니까
내 사랑하는 아들딸들아
내가 너희 또래였을 그 시절에 환하게 웃으며
나를 내려다보는 저 달님을 향해
소곤거리며 나눈 얘기가 있었지
40년 후 우리 집 땅에 농민 대학을 만들어
농민들이 새로운 농법을 개발하여 엎드려 풀 뽑지 않고
청바지에 멋진 모자 쓰고 립스틱 빨갛게 바르고

휘파람 불며 음악이 넘치는 건강한 농촌을 만들겠다고
사랑하는 내 아들딸들아
오늘도 나는 너희들에게 좋은 것으로
예쁜 것으로 맛있는 것으로 깨끗한 것으로
너희가 환한 웃음으로 만족할 수 있는 그 어떤 것이라면
모든 것을 다 주고 싶은 나는
지금도 너희를 사랑하고 있단다

그는 나를 기억하고 있을까

열차를 타고 고향에 가던 중
빠르게 지나가는 창밖의 풍경을 보고 있었다

내 옆에 앉아 있던 청년의 목소리
실례지만 부탁이 있습니다

지루함의 침묵을 깨고
웃으며 무슨 부탁을

그 사람은 흰 종이에
띄엄띄엄 1, 0, —, 11 이 글자를 중심으로
그림을 만들어 보란다

참으로 의아했던 부탁이었으나
일에는 십자가를 영에는 해를
한일에는 집을 십일에는 무성한 나무를 그려서 건넸다

그 사람이 내게 들려주는 말
투철한 박애정신으로
한 생애에 꼭 있어야 할 사람으로 살 것이며

내가 있는 곳에는 평안이 있고
사업은 푸르게 성장할 것이란다

나의 연락처를 물었으나
고개를 좌로 저었다

나의 한 생애를 예측했던
그는 어떤 사람으로 살고 있을까

나는 가끔 그 사람을 기억하곤 한다
그는 나를 기억하고 있을까

귀여운 내 며느리

남편의 두 손을 잡고 12시간 진통으로
힘든 출산을 해야 했던 내 며느리
몸과 마음이 예민해져
정상으로 돌아올 때까지는
시어머니보다 친정어머니가 효력이다

애기에게 젖을 물리지 말라는
친정어머니와 남편의 말에
훌쩍훌쩍 콧등이 빨갛도록 울면서
그래도 젖을 물리는
내 며느리

아들은 말한다
보연*이 보고 울보라 하지마세요
'출산 후유증으로 두 팔목이 아픈게 아니라
건초염으로 아픈 거예요'

팔에 안고 젖을 물려야 하는
애 엄마가 안쓰러워서 했던 말인가 보다

울보라는 말 들을까 봐
방에서 나오지도 못하는
귀여운 내 며느리

해당화 꽃이 되어 오리라

새벽 다섯 시
고요하고 정돈되어 있는
나 혼자만의 거리에
내 시선이 가고 있는
너그러운 향기

느릿느릿 굽이치는
세찬 세상의 매 맞으며 흐트러짐 없이
담장을 타고 작년보다 더 튼실하게
더 많은 꽃으로 피어나는
너의 탄생이 부럽기만 하구나

긴 수명과 강인한 체력과
미와 향기 가지고

혹여 다칠까 꺾일까
자신을 철저히 지키기 위해
가시와 동행하는 너를
누가 밉다고 하더냐
싫다고 하더냐

내 죽어 해당화 꽃이 되어
이 세상에 온다면
내가 지금 너의 품격에 매료되듯
사람들이 발길을 멈추고
내게 매료 되겠지

눈물

지식의 공원에 들어가는
만만찮은 조건을 갖추기 위해
수업을 받은 적이 있다

명문대 문과를 전공하고 동대 법대 재학 중
야간으로 국어와 영어를 담임했던 선생님

달리듯 달려와서
수업 진행하는 열심 어린 선생님
이마에 방울방울 맺힌 땀방울의 매력에
깊은 존경을 갖고 있는 제자

한 코스에 제자와 두 코스에 선생님
가끔 같은 버스로 퇴근을 했다

많은 시간이 지난 그 어느 날
나를 만나고 가는 날은 잠을 못 주무신다는 선생님
나는 깜짝 놀라며 왜 저 때문에
지금 이 사회에 나와 같은 여성이
몇 사람이나 있을까를 생각하느라

잠을 이룰 수 없다고 하신다

나는 웃으며 선생님 찾아서 세어보세요
생각보다 많이 있을 거예요

그 이후 동료 학생이 내게 하는 말
선생님과 내가 연애를 하고 있다는 소문이란다

연애
연애라면 손을 잡고
영화관에도 가고 음식도 같이 먹고
여행도 가고 하겠지 그런데 나는 선생님과 그런 적 이 없는데
무슨 연애

수업 중에 선생님이 나를 보는 시선이
예사롭지 않단다

시끄러워 수업이나 열심히 하세요
쓸데없이 나도 모르는 연애를 한다며

누명을 씌운다고 야단을 쳤던 나

그런데 이상하다
제자로 만난 겉모습, 나를 여자로 보신 것이었나
가슴이 쓰려오는 고민을 하고 있는 내가 아닌가

한 끼 금식도 어려웠던 내가 3일을 식음 전폐하고
눈물을 흘리고 있지 않은가

선생님
저는 십남매의 장녀입니다
제 아버지는 다섯 여자의 남편입니다
두 여자에게서 칠남매의 이복형제가 있습니다
물려받은 토지를 탐낸 가난의 미인들이
아버지의 자식을 낳고 부,모 형제들이 동원되어
토지를 빼가고 있는 가혹한 운명을
겪고 있는 가련한 딸입니다

내 마음 속 깊은 곳에 잠재되어 있는
아버지에 대한 분노 이 여자들에 대한 경멸

존경을 할지라도 사랑은 하지 않기로
마음을 닫아 버린 지 오래인 여자입니다

보이지 않는 내 아픔을 알고 나를 떠나기 전에
보이는 이 모습만을 남기고 눈물로 선생님을 떠납니다

이대로 있고 싶다

지금 이대로 있고 싶다
오늘 하루만이라도

퉁퉁 부어
쑤시고
당기고
결리고

세포들의 외로움을 녹여 주는
뜨끈뜨끈 나를 편히 받들고 있는 돌 장판 위에
오늘 하루 만이라도 이대로 있고 싶다

지난 한 생애를 살아 온
내 몸의 기록인 현상인가

만남

매일 감상 있는
예쁜 사람을 만나보고 싶다

날마다 살맛 나고
그래서 외롭지 않고 산들스러운
푸르른 사람들만 만나며 살고 싶다

의미가 있고 진실이 있고
은혜롭고 자비로운
사람들만 만나며 살고 싶다

마음을 때리고
정신을 때리는 그런 사람은
만나지 않고 싶다

오늘

오늘이라는 향기가 나를 기쁘게 한다
아름 따라 피어 있는 해당화처럼

오늘이라는 아름다움이 나의 심장을 뛰게 한다
가을 하늘에 흔들리는 코스모스처럼

오늘이라는 기대가 나를 기도하게 한다
나를 구할 수 있는 노아가 될 수 있기를

오늘이라는 길이 나를 만족케 한다
간섭이 없는 넓은 초원에 나 홀로 있는 것처럼

오늘이라는 중요함을 깨닫게 한다
기쁨도 슬픔도 경험하게 되는 것을

오늘이라는 판단에 나를 지혜롭게 한다
후회에 실수도 좌절도 없는 오늘이어야 하기에

오늘
오늘이라는 진실과 전심으로 최선을 다하는
꿈이 성취되는 오늘이기를

새벽 눈의 고백

아주 먼 어린 그 어느 날에
하얗게 변해 있는 길을 걸었지
사랑한다는 그 어떤 이의 고백을 들으며
하얀 이 길 뒹굴기도 했지

내가 살아가는 세상에는
두 손 모아 마음 놓고 사뿐히 먹을 수 있는
깨끗함이 나를 기다리는 줄 알고 있었지

많은 시간이 흘러
공해 수질오염으로 세상은 늙었고
나의 겉모습 또한 늙었는데

어린 그 어느 날
사랑하는 이의 고백을 들으며 걸었고
뒹굴었던 이 길만은 늙지 않았음에 놀랐다

하얀 이 길
늙어있는 세상과 내 겉모양까지
어린 내가 걷고 뒹굴었던
하얀 세상으로 바꿔 놓을 수 없을까

장해란

이제는 상처가 두렵지 않습니다.
빗방울 풀잎 꽃잎 모든 것이
상처 없이 일어나는 것은 아니기에
더불어 공감할 수 있는 시를 쓰고 싶습니다
다람쥐들의 오늘을 위한 오늘뿐인 삶을
날아가는 새들의 거침없는 비행을
달달하고 매콤한 나날을
여행자들의 여유로운 웃음을
눈을 맞고 서 있는 갈매나무의 단단함을
응시하고 어루만지는 그런 나를 들여다보렵니다.

어머니와 동그라미 •

나를 떠날 때 •

배롱나무 •

파도 •

흙 •

당신 없이 어찌 내가 •

허수아비 •

시장 •

비 •

천둥 •

내 행복했던 날들아 •

행복한 출근길 •

장해란

전남 강진 출생, 시 창작 아카데미 수강.

어머니와 동그라미

가끔씩 어머니 손을 잡고 따라나서면 나는 행복했지만
어머니는 그러지 못했습니다.
새벽 떠오르는 둥근 빛을 받으며 함께한 걸음마다 콩당 콩당 숨소리가
애잔하게 들려옵니다.
산에서 뜯어왔던 나물을 삶아 수레에 싣고 나서는 모습이 내 눈엔
어색하게만 보였습니다.
오르막길 숨을 몰아쉬며 끄는 수레바퀴는 힘에 겨워 조금씩 움직일 뿐
하루해가 짧았습니다.

지금도 둥근 해가 떠오를 때면
내 어머니의 동그란 모습이 나를 저리게 합니다.

나를 떠날 때

어느
한 모퉁이 돌아왔다 싶으면
저 앞
내 발걸음 먼저 와 기다리고 있다

이제
그만 쉬고 싶은데

저기까지 가려면
얼마나 많은 아픔과 시련이
또, 나를 기다리고 있을까

그래도 가야 한다
내 생애 다하는 날까지

배롱나무

여름아,
나는 두고 너만 갈 수 없겠니

세상에 태어나
작은 꿈
하나 이루지 못했는데

너는
자꾸 가자는 구나

구름아,
조금만 느리게 갈 수 없겠니

저렇게 붉은 세상 피워놓고
소박한 소망하나
이루지 못했는데

너는
자꾸 가자는 구나

말없이
너, 지고 나면

난 가을 옷 챙겨야 하는
슬픈 미소

파도

부르지도
오라하지도 않았는데
그렇게 수 없이 씻기고 부서지며
어느 곳 가려 하는가

가도 가도
끝이 없는 곳에
그리운 그대 있는가

그 수난의 끝
평생 만나야 할
나만의 인연
당신의 사랑인가 봅니다

흙

저기
벗들을 만나고 싶었는데
만날 길 없네

나는 매일 숨져가고
내 안에 살아나는 생물도
독특한 향내음도
나를 밟는
나그네 부드러운 발길도
이제는 없네

예전에
나만의 향기 쫒던 이들도
내 모습 보면 슬퍼하겠지

그나마 저기
저 멀리 벗들은
아직은 웃고 있겠지

언젠가 나처럼 묻혀버릴 그날까지는

당신 없이 어찌 내가

갈증 난 듯 다가선 나에 한 사람이여!

작은 바람에도 날아갈 것 같은
싫다는 말보다는 웃음을 먼저 주는 사람
나는 그런 당신의 맘을 얻었으니 행복합니다.
하늘은 내게 더한 평원을 주고
밤은 당신에게 꿈을 달아 아침 햇살이 당신에게 비추니
그 빛에 나는 깨어납니다.

채워도 채워지지 않은 허한 맘을 비워도 비워지지 않은
욕심에 갈망했던 날들에 나를 바라볼 때
어쩌다 내게 그 무엇과도 비교할 수 없는 귀한 당신이 온 건지
온몸으로 나를 떨게 합니다.

늘 잡히지 않은 햇살 같은 그대의 얼굴은
내게 긴 하루를 남기고
오늘도 그대를 안고 설레는 마음으로 하루를 기다립니다.

허수아비

참새가 유일한 친구인데
친구를 쫓는 나는
허접한 옷에
꼿꼿한 허리가 부러운
들녘의 수호신
물결처럼 계절을 건너온
어머니의
정류장

그 수호신 앞에 고개 숙인
늦가을의 절규

시장

자리를 털고 나가 봅니다
발걸음을 재촉해 보지만 마음 같지 않습니다
만약 먼 곳에
당신 만나러 간다면
천 걸음이 한 걸음 같겠지만
난 당신을 만나러 가지 않습니다

집에서
멀지 않은 시장에 갑니다
내가 살아있다는 걸 느끼기 위해
또 살아가야 한다는 걸 알기 위해
만 원짜리 한 장
손에 쥐고 시장에 갑니다

예전 내 가슴을 찡하게 했던
또 내가 살아있음을 아름답게 해주던
시장에 갑니다

살 것은 아무것도 없지만
혹시나

예전에 내 마음 살까 하고
난 갑니다
시장을

비

그립습니다

비가 내리니
예전 초가집 살던 기억이 살아나
더 가보고 싶습니다

초가지붕 위에서
질서 없이 내리던 비가
뚝
뚝-
땅을 파며
하던 일 멈추고 나를 쉬게 하던 날

아버지와 함께 토방에 앉아
빗줄기를 헤아리며
꿈 이야기하던 생각이 납니다

어린 세상은 좁았지만
눈으로 가슴으로 느끼는 세상은
다 내 세상인 것 같았습니다

지금도
그 세상에 머물며
그 시절에 나로 살 수는 없지만
그래도 가끔씩 비가 내리면
난 행복합니다

천둥

속절없이 무슨 빛깔인지도
모르게 변해가는
지금에 내 모습

말없이 울고 있는
어리석은 자신을 발견하고
옛사랑을 찾는
초라한 마음뿐
어찌
이 나날을 살아갈 수 있을까

등을 치고 시퍼런
몽우리만 남긴 채
사라져 버린
등불

어디에서 찾을까나
내 젊은 날들이
또 이렇게 가버리는

내 행복했던 날들아

내 행복했던 날들아
지금 어디에 머물며 의미를 잃어버리고
웃음 떠난 많은 날을 뜨겁게 울고 있는데
그만 내게 올 수 없겠니

아련함에 몸부림치며 지난 세월
먼 기억 속에 묻혀버릴까
끝없이 되뇌며 꿈꾸었던 나를 찾아
보내주고 싶은데

하나 둘 멀어져 가는
나를 만나며
아직도 남겨두고 떠나온
너의 숨소리 앞에
지금 머문다

행복한 출근길

목표가 있어 늘 하루하루가 행복하다. 오늘도 난 출근 준비를 한다. 혼자만의 여유로움이 있다는 것을 느낀다. 출입문을 나서다가 잠시 거울에 비친 나를 보았다.

매일 똑같은 시간에 일어나 이 출입문을 통해 출근하는 나를 반추해보는 아침이다. 지금 주차장에서는 나를 기다리는 친구가 있다. 덩치가 무척 크다. 그는 내가 원하는 곳이면 언제나 나와 동행해주는 소중한 친구이다.

추운 겨울이나 비 내리는 여름 장마철이나 말없이 나를 직장으로 데려가는 '스쿠프 승용차'이다. 가장 먼저 나를 반기는 친구이면서 나와 늘 함께 하는 단짝이다.

차 시동을 걸고 집을 나서서 5분을 가면 매일 카풀을 하는 회사 동료가 있다. 동료가 승차하기 전에는 난 내 단짝인 자동차의 컨디션을 살핀다. 그리고 동료가 타면 그때부터 난 동료와 대화를 한다.

반복되는 출근길의 모습이다. 천안까지의 거리는 너무 상쾌하다. 아침을 달려본 사람만이 느끼는 행복인지 모른다. 동쪽 하늘에서 떠오르는 포근한 햇살이 유리창으로 반사되어 마음속까지 파고든다.

매일 지나가는 길이지만 수많은 차들이 스쳐간다. 복잡한 곳은 무조건 양보한다. 그들도 양보를 한다. 오른손을 들어 고맙다는 표시를 한다.

회사에 도착하여 출근카드를 찍는다. 이런 출근 체크기도 늘 우리들을 반기다. 먼저 도착한 직원들이 인사를 건넨다.

"좋은 아침, 미스 장!"

"좋은 아침입니다!"

매일 나누는 인사 속에서 우리는 살아가는 사람들의 향기를 발견한다. 이것이 삶의 흔적을 남기는 것일까?

커피머신에서 커피를 뽑아들고 내 자리에 앉아 호호 불어가며 마신다.

오늘은 어떤 디자이너의 참신한 샘플이 들어왔나 궁금하다.

내가 매일 만드는 구두를 누가 신고 다닐지는 모르지

만 발걸음이 편안했으면 좋겠다. 편하고 아름답게 만들어 사가는 사람들의 마음이 흐뭇했으면 한다.

학원 강사인 친구에게 전화를 걸어 본다. 한문을 가르치는 친구다. 늘 마음을 서로 터 놓는 사이이다.

오늘 출근길에서부터 회사에서 일하기까지 돌아보면서 행복감에 젖었다. 내 생각과 현실은 무척 차이가 있다. 그러나 분명 내 인생의 목표가 있다.

꿈이 이상으로 끝난다고 할지라도 난 내가 원하는 것을 하려고 노력할 것이다. 그래서 오늘 나의 존재가 소중하고 행복하다.

행복하다……

창간의 말

착각의 시학
'을지로 시詩'동인 출발의 의미

2017년 초여름이 익어가던 6월 8일 저녁 9시, 언제나 수업 후 들리는 강의실 근처 고고 곱창 이라는 식당에서 뒤풀이 식사 중에 동인을 만들어 한 단계 성숙한 작품 활동과 함께 시인으로서 창작능력을 배양하고 모지母誌인 〈착각의 시학〉 발전에 앞장서서 노력하고 봉사하여야 한다는 취지의 교수님 제안에 모두가 찬동하여 함께 하기로 했으며, 명칭은 창작 아카데미의 연장자인 도남 김갑승 시인께서 제안한 '착각의 시학 을지로 시詩동인'이란 명칭을 제안하여 모두는 이에 동의하여 결정하였다. 동인의 주 구성원은 착각의 시학 하제 교수님께서 운영하는 〈문예창작 아카데미〉의 을지로 사무실에서 수업을 듣는 제자들로 구성했다는 의미의 이름으로 줄여서 '을시'동인으로 부르기로 했으며, 창간 동인으로는 도남, 가론, 김들샘, 해솔, 정든별, 장해란 등 이다.

2017년 6월

김 가 론

동인 주소록

가론

(우)16527 경기 수원시 영통구 매봉로20, 105동1103호 (매탄동, e-편한세상)
E-mail. couldja@hanmail.net

도남

(우)07393 서울 영등포구 신길로108, 9동305호(신길동, 남서울아파트)
E-mail. kgs0908@hanmail.net

김들샘

(우)10089 경기 김포시 태장로846, 203동1902호(장기동, 한강센트럴A)
E-mail. kimm1009@hanmail.net

해솔

(우)14075 경기 안양시 동안구 동안로 102, 제205동 809호(호계동, 목련선경아파트)
E-mail. 인수천사@hanmail.net

정든별

(우)07040 서울시 동작구 상도로 392-21(상도동497-9) 1층

장해란

(우)05643 서울시 송파구 방이동 122 스타빌 202호
E-mail. hongmi303@hanmail.net